AF500870

ORIGINE DES DEUX COMPAGNIES DES GENTILS-HOMMES Ordinaires de la Maiſon DU ROY.

A PARIS,
Chez LAMBERT ROULLAND, Imprimeur ordinaire de la Reyne, ruë S. Jacques, aux Armes de la Reyne.

M. DC. LXXXIII.

ORIGINE DES DEUX COMPAGNIES des Gentils-hommes ordinaires de la Maison du Roy.

CEUX qui ont le plus soigneusement écrit des Offices & Dignitez de ce Royaume, ne disent rien de l'Origine des Deux Compagnies des Gentils-hommes de la Maison du Roy, encore qu'ils ayent remarqué plusieurs autres choses moins dignes de memoire : Car l'on peut dire qu'il n'y a gueres d'ancienne Maison de Gentils-hommes, qui ne trouve quelqu'un des siens enrôllé en l'une de ces Deux Compagnies, & il seroit bien plus certain & plus honorable d'en tirer la preuve de sa Noblesse, que par des Contracts & d'autres Titres qui font moins de foy.

Ces Deux Compagnies furent instituées en divers temps : Le Roy Louis XI. estant à Puiseaux, le quatriéme jour de Septembre 1474. mit sur pied pour la Garde de son corps, une Compagnie de cent lances fournies, selon sa grande Ordonnance, chacune d'un homme d'armes, & de deux Archers : & en donna la conduite à Hector de Golart Escuyer, son Conseiller & Chambellan, pour la mener au païs de Roussillon, & de Catalogne, où estoit son armée. Et parce qu'elle fut faite la pluspart des Gentils-Hommes de son Hostel, ou pensionnaires: elle fust appellée la compagnie de cent lances des Gentils-Hommes de la Maiſon du Roy, ordonnez pour la Garde de ſon corps.

Par les Lettres de retenuë dudit de Golart, en cét eſtat de Capitaine (ainſi s'appelloient lors les proviſions) le Roy luy ordonne douze cens livres de gages par an, & trois cens ſoixante livres pour ſa place d'homme d'armes, à raiſon de trente livres par mois; qui eſtoit la ſolde que chaque homme d'armes recevoit pour ſoy, & pour les deux Archers, qu'il montoit & armoit à ſes dépens. Ledit ſieur Golart euſt pouvoir de choiſir les cent Hommes d'armes, & deux cens Archers, & de les faire payer pour le temps qu'ils auroient ſervy, ſans eſtre tenu d'en faire montre ny reveuë pardevant les Mareſchaux de France, ny aucuns autres Commiſſaires, mais par ſes ſimples Ordonnances & certifications, & de les changer, ofter, & en mettre d'autres en leur lieu, comme il jugera meilleur.

Aprés le decez d'Hector de Golart, le mefme Roy par fes Lettres Patentes données à Tours le dixiéme Juin 1475. retinft (c'eft comme on parloit) en l'eftat de Capitaine de ladite Compagnie, fon amé & feal coufin Confeiller, & Chambellan, Louis de Graville Efcuyer Seigneur de Montagu, aux mefmes gages & droits que fon predeceffeur: voulant toutesfois qu'aprés la premiere demye année les hommes d'armes n'euffent plus que vingt-fept livres dix fols par mois, au lieu de trente livres qu'ils avoient coutume de recevoir: Mais auffi qu'ils ne feroient plus tenus d'avoir aucuns Archers, & que les cinquante fols de furplus feroient payez audit Sieur de Montagu, ſur ſa ſimple quittance, pour employer à l'entretenement du nombre d'Archers, que le Roy voulut dés-lors eſtre ordinairement prés ſa perſonne: De la conduite deſquels, ledix-huitiéme Janvier 1477. il déchargea ledit Sieur de Graville, & en pourveuſt, Hervé de Chauvay, ſon Conſeiller, & Chambellan, ſous le titre de la Compagnie de deux cens Archers de la petite garde de ſon corps, pour la difference de l'autre, que l'on appelloit la Compagnie des cent lances des Gentils-hommes de l'hoſtel du Roy, ordonnez pour la grande Garde de ſon corps, ou des cens Gentils-hommes de la Garde du Roy, ou des Gentils-hommes de la maiſon du Roy, & depuis la creation de la ſeconde, quelquefois avec ce mot d'Ordinaires, ou de l'ancienne Bande; ainſi furent inſtituez les Capitaines & Archers de la Garde du Corps. Mais depuis en l'an 1487. Charles VIII. adjoustant cent sols ausdits vingt-sept livres dix sols, fist par mois trente deux livres dix sols pour chacun desdits hommes d'armes.

Or encore que par leurs lettres de provision les capitaines des cent Gentils-hommes, eüssent l'authorité que j'ay ditte, il se trouve pourtant qu'ils ne l'ont pas toujours exercée. Jacques de Myolans en usa plus que pas un, & donna ses Lettres de provision à quelques uns desdits Gentils-hommes. Mais les Roys y ont pourvû à la pluspart; il semble que ceux que l'on admettoit en ces places, estant de grande maison, desdaignoient de recevoir cette qualité d'autre que des Roys, qui bien souvent la donnoient en recompense de services signalez.

Et pour preuve de l'estime en laquelle

quelle estoit dés sa creation cette compagnie, le Roy commit Monsieur de Bouchage son favory, & Pierre Cleret son premier Maistre d'Hostel, à faire la reveuë de ladite Compagnie, & en l'an 1422., il en retrancha deux Gentils-hommes pour estre soupçonnez de mauvaise maladie, & en remit d'autres en leurs places, & de plusieurs decedez.

Enfin cette Compagnie croissant en honneur & en merite, les Roys en prirent l'entiere disposition, & en donnerent la charge aux Seigneurs plus recommandables du Royaume. Elle n'eût pas au commencement les mesmes gages, ny de Lieutenant, ny d'Enseigne comme à present. Les Capitaines quelquefois donnoient leur Lieutenance à un de la Compagnie, auquel les autres n'obeissoient pas volontiers. Car plusieurs Gentils-hommes estoient employez sur le rolle avant eux & à pareils gages : ce qui faitc roire que ce Lieutenant n'estoit que commis par le Capitaine, & non pas Officier de Roy. En effet, il n'a esté bien arresté dans les Estats que depuis l'an 1539. & l'an 1563. aux gages de 500. francs, & les Gentils-hommes à 400. ce qui semble avoir esté fait lors que la seconde Compagnie fut créée. Car la premiere s'estant renduë illustre & necessaire, cette seconde eut son commencement plus certain, & plus avantageux par le merite de l'autre, & deslors elle fut complette ; & du nombre de Gentils-hommes, & aux mesmes gages qu'ils ont à present.

Elle fust instituée par le Roy Charles VIII. en Janvier 1497. peu de temps auparavant sa mort : Et au mois de Juillet suivant, 1498. confirmée & établie par le Roy Louis XII. sous la Charge de son Cousin

Jacques de Vendosme, Vidasme de Chartres, aux mesmes gages pour le Chef que celuy de la premiere Compagnie. Mais pour la place d'Homme-d'armes & des autres, à raison de quatre cens livres par an. On l'appelloit au commencement des Gentils-hommes extraordinaires pour la Garde du Corps du Roy, ou Pensionnaires : Mais depuis 1570. ils sont appellez concurramment avec les autres de la premiere Compagnie, Gentils hommes ordinaires de la maisou du Roy. Cette distinction d'ordinaires & extraordinaires, procedoit de l'opinion de ceux qui dressoient les Estats, & des Officiers de la premiere, qui pensoient avoir quelque avantage sur les autres par l'ancienneté de leur création, jusques à ce que le temps enseigna aux uns & aux autres que l'ancienneté non de l'Office, mais de l'Officier, est conſiderable en meſme charge.

Quant à l'ordre du ſervice qu'ils faiſoient, il ſe voit par l'Ordonnance du Roy Henry III. du premier jour de Janvier 1585.

Sa Majeſté ordonne que les deux cens Gentils-hommes de ſa Maiſon, ſerviront par chacun quartier prés de ſa perſonne, à ſçavoir pour le preſent quartier de Janvier, le plus ancien pourveu des deux Capitaine, avec ſon Enſeigne, & cinquante de ſa Compagnie. Pour le quartier d'Avril l'autre Capitaine & ſon Enſeigne, avec cinquante de ſa Compagnie. Pour le quartier de Juillet le Lieutenant de la premiere Compagnie, & les cinquante qui n'ont point ſervy. Et pour le quartier d'Octobre, le Lieutenant de la ſeconde Compagnie avec les cinquante Gentils hommes reſtans.

Le premier jour de chacun quartier

le Capitaine ou Lieutenant entrant en charge, preſentera à ſa Majeſté les cinquante Gentils - hommes de ſervices, & les luy nommera : les deffaillans perdront leurs gages.

Sa Majeſté veut qu'ils ſoient payés de leurs gages, & appointements par chacun quartier, & à cet effet fera bailler à leur Treſorier bonne aſſignation dés le commencement de l'année.

Veut ſa Majeſté qu'aucun deſdits Gentils-hommes ne ſoit penſionnaire, ny domeſtique de qui que ce ſoit; ordonne dés à preſent que ceux de cette condition ſoient caſſez Et défend aux Capitaines de n'enroller en leurs Compagnies que Gentils-hommes de la qualité requiſe, leſquels à cette fin ils luy preſenteront auparavant que de les recevoir, ainſi qu'il eſt dit.

Veut auſſi ſa Majeſté que les

Gentils-hommes eſtant en quartier, ſe trouvent en ſon antichambre dés les ſix heures du matin, pour l'accompagner avec leurs haches comme ils ont acouſtumé, juſqu'à ſon diſner, & l'apreſdiſnée juſques au ſouper.

Toutes les fois que leſdits Gentils-hommes accompagneront ſa Majeſté, avec leurs haches, ils ſe mettront en haye de chacun de ſes coſtez, le Capitaine ou celuy qui commandera, ſera le premier & le plus prés d'elle à main droite; & à la main gauche un autre chef ou le plus ancien des Gentils-hommes.

Si ſa Majeſté eſt à pied, ceux deſdits rangs qui ſeront à coſté d'elle, ne paſſeront point en arriere le pommeau de ſon eſpée; Et ſi elle eſt à cheval, ne ſe tiendront point plus en arriere que la pointe de ſon pied.

Les Capitaines, Lieutenans, Enſeignes, & les cinquante Gentils-hommes qui ſeront en ſervice, non ſeulement ſe rendront ſujets prés de ſa Majeſté, mais auſſi ne ſuivront ou n'accompagneront aucune autre perſonne.

Aucun ne ſera payé qu'il n'ait eu toute l'aſſiduité poſſible durant ſon quartier, dont il ſera tenu de raporter certificat du Capitaine ou Lieutenant qui aura ſervy, pour eſtre payé par le Treſorier, auquel il eſt défendu de leur payer aucune choſe qu'en vertu du Rolle, & du Certificat qu'il raportera ſur les comptes avec leur quittance.

Enjoint ſa Majeſte tres expreſſément auſdits Gentils-hommes chacun endroit ſoy, d'obſerver de point en point tour le contenu cy-deſſus, ſur peine de caſſation, & aux Capitaines d'en répondre ſur leur honneur.

Voila la création de ces Deux Compagnies, & les Reglemens que l'on avoit faits pour leur discipline: Mais comme le service n'avoit pas toûjours esté assidu, & que les Gardes du Corps l'ayant emporté pour la residence auprés de la personne du Roy, il y avoit eu beaucoup de relâchement pour le choix des personnes. Le Roy Louis XIII. suprima ces deux Compagnies, par sa Declaration du 21. May 1629. & reserva seulement aux Capitaines leurs Gages pendant leurs vies: Cette supression dura jusqu'en 1649. auquel temps, il plût au Roy, pour signaler les commencemens de son heureux Regne, & par présage de sa Grandeur, de restablir ces deux Compagnies au mesme estat qu'elles estoient auparavant leur supression, & depuis elles ont toûjours servy aux grandes Ceremonies, avec le

mesme

mesme rang qui leur est destiné par leur création.

C'est ce qui se trouve de l'institution de ces deux Compagnies, à quoy j'ay crû devoir ajouster la succession des Compagnies. Et premierement.

Hector de Golard Escuyer, Conseiller & Chambellan du Roy Louis XI. pourvû par luy de l'estat de Capitaine de la premiere Compagnie lors qu'elle fut créée le quatriéme jour de Septembre 1474.

Loüis de Graville Escuyer, Seigneur de Montagu, Conseiller & Chambellan du Roy, (il l'appelle son cousin) fut pourvû le dixiéme Juin 1475. par le decez dudit sieur de Golart.

Thiebault de Beaumont Seigneur de la Forest, Ecuyer, le dix-huitieme Septembre 1481. par la dépossession dudit sieur de Graville.

Clâude de Montfaucon Ecuyer, pourvû le quinziéme May 1482. par la décharge dudit de Beaumont.

Jacques de Myolans & d'Anjou, Conſeiller & Chambellan du Roy Charles VII. (il eſt appellé ſon couſin) fut par luy pourvû le treiziéme jour de Mars 1489. par la mort dudit de Montfaucon.

Yves ſieur d'Alegre, fut pourvû le cinquiéme jour de Mars 1495. par la mort dudit de Myolans.

Huës d'Amboiſe, Seigneur d'Aubijoux Chevalier de l'Ordre, fut pourvû par le Roy Loüis XII. en l'an 1500. au lieu dudit ſieur d'Alegre.

Guy d'Amboiſe ſieur de Ravel, fut pourvû au lieu dudit Huës, au commencemene de l'an 1502.

Loüis d'Orleans Duc de Longueville, Marquis de Rothelin, grand Senéchal & Gouverneur du Comté de Provence, fut pourvû dudit Eſtat de Capitaine, onziéme Janvier 1508. par la mort dudit de Ravel.

Monſieur de Saint Vallier, fut pourvû dudit Eſtat de Capitaine par le Roy François Premier, au mois de Janvier 1515. au lieu dudit ſieur Duc de Longueville.

Loüis de Vandòſme Vidaſme de Chartres, Prince de Chabanes, Chevalier de l'Ordre, Conſeiller & Chambellan ordinaire dudit Roy Fançois, fut pourvû en Janvier 1523. au lieu dudit ſieur de Saint Vallier.

François de la Tour, Vicomte de Turaine, Chevalier de l'Ordre, fut pourvû le quinziéme Juin, 1527. au lieu du Vidaſme de Chartres.

Loüis Monſieur de Nevers fut pourvû en Octobre 1532. en la place du Vicomte de Turaine.

Claude Gouffier ſieur de Boiſſy, Chevalier de l'Ordre, Grand Ecuyer de France, fut pourvû en Janvier 1546. au lieu dudit ſieur de Nevers.

Albert de Gondy Comte de Raiz, fut pourvû par le Roy Charles IX. le douziéme de Decembre 1571. au lieu dudit Gouffier.

François le Roy, Comte de Clin-Champs, ſieur de Chavigny, par la reſignation dudit ſieur de Raiz, fut pourvû en Janvier 1575. par le Roy Henry III. il quitta la charge de Capitaine des Gardes pour monter à celle-cy.

Jacques de la Trimoüille Marquis de Royan, par reſignation dudit ſieur de Chavigny, pourvû le dixiéme jour de May 1594. par le Roy Henry IV.

George de Babou ſieur de la Bourdaiziere, Chevalier des Ordres du Roy, pourvû par décez dudit

Marquis de Royan , le douziéme d'Aoust 1603.

Georges de Babou , sieur de la Bourdaiziere , pourvû par la mort de son pere, le 1607.

François Nompart de Caumont, Comte de Lauzun, Chevalier des Ordres du Roy & Conseiller d'Etat , 1615.

Gabriel Nompart de Ca mont, Comte de Lauzun son fils, par démission dudit Seigneur son pere, le 25. Novembre 1616.

Antonin Nompart de Caumont de Lauzun, pourvû par la mort du Seigneur son pere, en 1660.

CAPITAINES
de la ſeconde Compagnie.

AU mois de Janvier 1497. le Roy Charles VIII. inſtitua une ſeconde Compagnie de cent Gentils-hommes de ſa Maiſon, ſous la charge de ſon couſin Jacques de Vendoſme, Vidaſme de Chartres.

Loüis de Brezé, Comte de Maulevrier, grand Senéchal de Normandie, au lieu du Vidaſme, fut pourvû le dix-ſeptiéme Septembre 1510. par Loüys XII.

Jean de Crequy, ſieur de Canables Chevalier de l'Ordre, pourvû au lieu du ſieur de Brezé en la fin de l'année, 1527. par le Roy François I.

Jean de la Tour, Vicomte de Turaine, pourvû par le decez du ſieur de Crequy, au commencement de l'année 1554. par le Roy Henry II.

Loüis de Bueil, Comte de Sancerre, pourvû en la fin de l'année 1556. par la mort du ſieur de Turaine.

Loüis de Saint Gelais, ſieur de Lanſac, en l'an 1568. par le Roy Charles IX. au lieu du ſieur Comte.

Jean de la Val, Marquis, fut pourvû le dix-ſeptiéme Avril 1578. par reſignation du ſieur de Lanſac, par le Roy Henry III.

Antoine de Ponts, Comte de Marennes, Chevalier des Ordres du Roy, pourvû le 21. Septembre 1578. par le decez du ſieur Marquis de Neſle.

Nicolas d'Angennes ſieur de Ramboüillet, Chevalier des Ordres du Roy, ayant quitté l'état de Capitaine des Gardes du corps, fut pourvû au mois de Janvier 1587. par le Roy Henry III. de l'état de Capitaine des cent

Gentils-hommes ; par le decez du ſieur de Ponts. Il obtint la ſurvivance au nom de Charles d'Angennes Vidaſme du Mans ſon fils, de Henry IV. mais depuis enſemble ils reſignerent l'Office au ſieur Champier.

Scipion de Champier Marquis de Vaux, fut pourvû de la charge le 5. Fevrier 1611. par le Roy Loüis XIII.

Loüis de Crevant Vicomte de Brigueil, Marquis d'Humieres, par la mort dudit Champier, le 28. jour d'Aouſt 1612.

Loüis de Crevant Maréchal de France, ſous le nom d'Humieres ſon fils commande à preſent.

cette compagnie a esté supprimée Le dernier capitaine a esté mr le comte du Charmel

DES ARCHERS des Gardes du Corps du Roy.

PUIS qu'en recherchant la creation des deux Compagnies des Gentils-hommes ordonnez pour la garde du Corps du Roy, nous avons trouvé

trouvé que celles des Archers en ont esté tirées ; Nous acheverons en peu de paroles, d'en donner entier éclaircissement.

Le Roy Louis XI. par Lettres patentes données à Puysseaux, le quatriéme jour de Septembre 1474. créant la compagnie des cent Gentils-hommes de sa maison, pour la garde de son corps, ordonna que chacun d'eux auroit trente livres par mois pour ses gages, & l'entretien de deux Archers, Mais l'onziéme Juin, 1475. par autres lettres données à Roüen, il deschargea les Gentils-hommes des deux Archers que chacun devoit avoir : & leur rabatit cinquante sols de leurs gages par mois. Et comme il est dit en l'autre Chapitre, il en fit une Compagnie à part de deux cens Archers, qu'il nomma de la petite garde du corps du Roy, dont il laissa la charge à Louis de Graville ſieur de Montagu, Capitaine deſdits cent Gentils hommes : voulant que ces deux cens Archers fuſſent payez de quartier en quartier, par les ordonnances dudit ſieur de Graville: à raiſon de ſept livres dix ſols par mois, à commencer du premier jour du mois de Juin 1475. Depuis à Lyon le dix-ſeptiéme Avril 1476. il commit Morelot du Muſcau Treſorier, payeur deſdits cent Gentils-hommes à faire le payement deſdits deux cens Archers de la petite Garde de ſon corps nouvellement mis ſous la charge du ſieur de Montagu; Et que les deniers revenans bons & reſtans des gages des Archers défaillans à ſa monſtre, fuſſent payez par ſes ordonnances aux Archers qui auroient ſervi; tant en augmentation de leurs gages, que pour leurs armes, ou autrement, ainſi qu'il adviſeroit.

Mais ayant reconnu qu'il ſeroit

mieux ſervi de ces Compagnies de Gentils-hommes & Archers, ſi elles eſtoient ſeparées, & ſous differents Capitaines, puiſque leſdits Gentils-hommes ne fourniſſoient plus d'Archers; il deſchargea le ſieur de Gravile de la conduitte de ces deux cens Archers de ſa petite garde; Et en donna la charge à Hervé de Chauvay ſon Chambellan, par lettres du dix-huitiéme Janvier 1477. commettant leurs payemens de dix livres par mois chacun, à François Gautier Notaire & Secretaire du Roy; Les lettres dudit Chauvay furent addreſſées aux Mareſchaux de France, pour prendre le ſerment de luy, comme par ſon attache André de Laval Sieur de Loheac, Mareſchal de France, certifie avoir fait.

Or comme dit l'Hiſtoire, le Roy Louis XI. devenant ſoupçonneux & ſolitaire, il ordonna une nouvelle

Compagnie de cent Archers de la nation Françoiſe pour la Garde de ſon corps environ la fin de 1479. deſquels il fit Capitaine Claude de la Chaſtre ſieur de Nançay qui reſigna au mois de Juin 1529. à Joachim de la Chaſtre ſon fils, qui commandoit encore lors de la mort du Roy François Premier.

En la fin de l'an 148. le dixiéme jour de Mars, le meſme Roy par la deſcharge de Chauvay, pourveut Jacques de Silly, de l'eſtat de Capitaine des deux cens Archers de la petite Garde de ſon corps.

Et le vingt troiſiéme Juin 1491. Jacques de Curſol, fut pourveu de l'eſtat de Capitaine des deux cens Archers, par le Roy Charles VIII. à la deſcharge du ſieur de Silly.

Outre ces trois cens Archers de la Garde, le vingt-huitiéme dudit mois de Juin audit an 1491. le Roy Charles qui méditoit le voyage de Naples, & aymoit le Baron de Myolans Capitaine desdits cent Gentils-hommes, luy adjousta cent Arbalestriers à cheval, desquels apres luy successivement eurent la conduite les sieurs d'Alegre, & le Vidasme de Chartres Capitaines des cent Gentils-hommes. Il ne paroist point que ces Arbalestriers ayent esté entretenus apres six mois depuis la mort dudit Charles VIII. sinon qu'ils accompagnerent le Roy Louis XII. à son Sacre.

Le vingt-septiéme Mars 1514. trois mois aprés que le Roy François I. fut parvenu à la Couronne; il fit une nouvelle Compagnie de soixante Archers pour la garde de son corps, qu'il voulut estre composée des trente qu'il avoit auparavant qu'il fût Roy, de vingt de la bande du sieur Cursol & de dix de celle du sieur Nançay, desquels soixante Archers il donna la charge à Raoul de Vernon ſieur de Monſtreüil Bouyn ; & aprés ſa mort qui arriva le dernier Septembre 1516. à Louis le Roy ſieur de Chavîgny, luy adjouſtant quarante cinq Archers encore de la bande dudit ſieur de Curſol, pour faire le nombre entier de cette Compagnie de cent cinq Archers, compris les membres & le Trompette.

Et au mois d'Aouſt en ſuivant que l'on contoit 1515. le Roy eſtablit deux cens Arbaleſtriers à cheval, en deux bandes, chacune de cent hommes ; ſous la conduitte de Guy Legat de Maugeron, & de Hardoüyn dit le petit Coſſé, pour le ſervir de Gardes de ſon corps, avec les deux cents Gentils-hommes de ſon hoſtel ; Et parceque le ſecond jour de cette ſanglante bataille de Marignan le quatorziéme Septembre, ils firent vaillamment, & avec les Gaſçons ils défient un grand nombre de Suisses qui s'estoient retirez à la faveur d'un bois ; le Roy estant à Pavie, en Octobre pourveut lesdits de Maugeron & de Cossé Capitaines, chacun d'un estat de Gentils-hommes des cent ordinaires de son hostel, à quatre cens livres de gages : le premier sous la charge du sieur de saint Valier, & l'autre Comte de Maulevrier mentionnez au chapitre precedent. Et deputa Michel Clerc son Secretaire pour faire d'oresnavant le payement de deux cens Arbalestriers, aux mesmes gages de six vingt livres, droits & privileges que souloient avoir semblables bandes d'Arbalestriers estants au service de son cousin Charles VIII.

Depuis toutes ces Compagnies d'Archers & de Gardes, furent reduites aux gages qu'ils ont à present, & au nombre de quatre, comprise celle des Escossois, de cent hommes chacune, sous quatre Capitaines François; Encores qu'auparavant les Escossois, eussent un Capitaine de leur nation. Mais cela fut ainsi pour conserver le Capitaine François dont la compagnie estoit entiere, & parce qu'entre les Escossois il n'y avoit plus comme auparavant, des gens de cette qualité.

Cela suffira maintenant pour la declaration de l'origine des Gardes du corps, le nombre & les gages desquels de tout temps, avant cette reduction estoient si incertains, que ceux qui se sont meslez d'escrire paroissent avoir beaucoup lû, mais avoir peu de connoissance des affaires de France.

www.ingramcontent.com/pod-product-compliance
Ingram Content Group UK Ltd.
Pitfield, Milton Keynes, MK11 3LW, UK
UKHW012126240726
13965UKWH00005B/1992

9 782013 094900